TOEIC® L&R Test スコア400-500／英検準2級レベル

頻出英単語300精選

西 谷 恒 志
Barbara Yamashita

‖

共編著

音羽書房鶴見書店

自習用音声について

本書の自習用音声は以下より無料でダウンロードできます。予習、復習にご利用ください。
（2019 年 4 月 1 日開始予定）

http://www.otowatsurumi.com/3869/

上記 URL をブラウザのアドレスバーに直接入力して下さい。
パソコンでのご利用をお勧めします。圧縮ファイル (zip) ですのでスマートフォンでの場合は事前に解凍アプリをご用意下さい。

はじめに

　古い話で恐縮ですが、ある筋から依頼されて公式のTOEIC®テスト問題（10セット）の単語分析をしたのは約30年前の1990年のことです。その時は、分析結果を基にさらに中学・高校教科書、センター試験の単語と比較分析を行い、当時、「TOEICテストの単語は学校で習う英語とは異なるビジネス英語」という巷のうわさが間違った情報であると分かり、大いに感動した記憶が今でも鮮明に残っています。TOEICテストの英単語の99.7%は中学・高校教科書、センター試験に出ている単語[*1]だったのです。

　こうした分析を基に、2010年には、本書の前身である『TOEIC TEST コア300 Words』（音羽書房鶴見書店）を刊行しましたが、その後TOEICテスト自身もリニューアルを重ね、よりオーセンティックなテストに進化してきています。特に、2016年5月に行ったリニューアルでは、問題形式や小問数の変更を行い、テストの名称をTOEIC® Listening & Reading Testと変更し、TOEIC® Speaking & Writing Testsなどとあわせて TOEIC® Programという体系になっています。

　このようなTOEICテストの変遷に伴い、今回、TOEIC® Listening & Reading Testの公式問題集4冊をはじめ直近の公式問題集6冊（テスト12回：約10万語）を分析し、現在の大学生が使用した中学・高校の教科書単語と比較分析を行いました。今回は2019年度で最後となるセンター試験の単語データを除きましたが、分析で分かったのは、TOEICテストの英単語と中学・高校教科書の英単語との共通性は一貫して変わっていないということです。TOEICテストの英単語の約97%は中学・高校教科書に出ている単語[*2]だったのです。

　大学生が持っているVocabularyは中学・高校で学習した教科書が基礎となってます。本書は、中学・高校の教科書に出ている単語から特にTOEICテストで何度も出題される単語を300語選びました。「何度も出題される」というのは"頻度"ではありません。たまたまある問題に何度も出てくる単語の頻度が高くても、その問題にしか出てこなければそれほど重要な単語ではないからです。それよりも毎回のテストによく出てくる単語の方が重要な単語なのです。というわけで、本書で取り上げた300語は「本当の意味でよく出る単語」です。

　単語の使われ方については、TOEICテストでの例文データベースを作成し、よく使われる用例の徹底分析を行いました。ですから、どの単語の例文にもTOEICテストでよく扱われる用例が数多く入っています。300語の「よく出る単語」「よく出る用例」をマスターして効果的に学習してください。

2018年秋

編著者

　[*1, 2]　ともに延べ単語による比較。例えば2.ではTOEICテスト問題100語を読めば、97語までが中学・高校教科書に出ている単語です。

本書の特長と利用法

本書の特長

● スコアアップの基礎となる「本当によく出る300語」を抽出

　本書の見出し語の300語の特長は2つあります。一つは、TOEIC® Listening & Reading テスト（以下、TOEICテスト）において出題回数が多い単語*を重視した、ということです。特定の問題にたまたま数多く出ている単語の頻度が高いといっても、その単語がたった1回のテストに出てくるのでは、学習効率から言って覚える価値が低いのです。それよりも、毎回のテストで出題される単語の方が覚えなければいけない単語と言えます。

　もう一つの特長は、中学・高校教科書に出ている単語を重視した、ということです。はしがきにも書きましたが、約30年前に行った調査分析と同様、今回行った調査においても、TOEICテストの単語と中学・高校教科書の単語との共通性が高く、「TOEICテストの単語の97％が中学・高校教科書の単語」だったからです。

　このような考え方を基に、中学・高校教科書に出ていて、かつ、TOEICテストに本当によく出る単語を中心に、さらに、「よく出るTOEIC独自単語」を加えて300語を決定しました。この300語は、TOEICテストのスコアアップの基礎となる単語です。また、それは英検のスコアアップの基礎にもなる単語です。本書は15のUNITで構成されていますが、TOEICテストで遭遇する確率の高い順にUNIT分けされているとお考えください。

* 分析時点で最新の公式ガイド（6冊、12回分）を分析し、"毎回〜何度も"出ている単語を重視しています。

● 品詞、語義、派生語

　各UNITの最初のページに掲載している単語の語義は、分析したTOEICテストのすべての用例を調べ、頻出する語義を付けています。複数の異なる語義がある単語については、間に [;] の記号を付けて区別していますが、原則として基本的にTOEICテストにおける用例が多い方の意味を最初に載せています。なお、複数の品詞がある単語についても、分析したTOEICテストの用例をすべてあたり、使用頻度の多い方の品詞を前に、頻度の低い方を後に出しています。どちらかの用例が特に多い場合は、「☆ TOEICテストでは名詞の例が非常に多い。」のように記述しました。また、各単語には、TOEICテストによく出てくる派生語情報も付しました。派生語を一緒に覚えることにより、本書の300語を基に400語、500語、600語というように効率よく語彙力が伸びていきます。

- TOEIC テストによく出るフレーズを入れ込んだ例文

 各 UNIT を構成する 20 語の単語には Dictation 用の例文が用意されています。例文についても、分析した TOEIC テストのすべての用例を調べ、よく出題されるフレーズや場面にそった例文となっています。なお、例文を構成する単語の中には、本書でセレクトした 300 単語が何度も出てきます。

本書の利用法

① まず、それぞれの UNIT で学習する単語の意味を確認します。[;] で区切られた複数の意味が書いてある場合は、まずは最初に書かれている方の意味を覚えてください（複数の品詞の意味が書かれている場合は両方とも覚えてください）。ただし、掲載した内容は TOEIC テストのスコアアップのためにはどれも重要なものですので、最終的にはすべての意味を覚えるとともに、派生語や補足説明にも注意してください。

② 音声を聞き取り、Dictation1、2 の空所に適切な単語を書き入れます。変化形にする必要がある単語もありますので注意してください。

③ UNIT ごとに 10 語ずつピックアップしてチェックテストを用意しています。単語の習熟度の確認に活用してください。

さらに進んだ活用例

★ 空所に単語を書き込んで文を完成させたら、例文の音声を聞きながら、音声のすぐ後に声をぶつけるように音読します（＝シャドーイング）。慣れないうちは、テキストを見て文字を追いながらでも構いません。

★ 拡大 Dictation：1 ページの右半分、あるい左半分をコピー用紙などで隠します。英文の音声を聞き取り、隠された部分の上に聴き取った単語を書き入れます。

★ 例文を暗誦できるまで音読を繰り返します。確認はペア練習で。一人が例文の冒頭部分を読み、もう一人がその後を続けます。複数の例文が終わったら役割をスイッチします。

★ テキストをまったく見ずに、例文の音声を聞き、（空所だけでなく）センテンス全体を聞き取って筆写します。

 ＊本書の録音音声はアメリカ人男性とイギリス人女性によるものです。なお、単語の発音記号についてはアメリカの一般的なものを表記しています。

目　次

はじめに　*i*
本書の特長と利用法　*ii*

UNIT 1　No.1–No.20 ………………………………… *2*
UNIT 2　No.21–No.40 ………………………………… *6*
UNIT 3　No.41–No.60 ………………………………… *10*
UNIT 4　No.61–No.80 ………………………………… *14*
UNIT 5　No.81–No.100 ………………………………… *18*
UNIT 6　No.101–No.120 ………………………………… *22*
UNIT 7　No.121–No.140 ………………………………… *26*
UNIT 8　No.141–No.160 ………………………………… *30*
UNIT 9　No.161–No.180 ………………………………… *34*
UNIT 10　No.181–No.200 ………………………………… *38*
UNIT 11　No.201–No.220 ………………………………… *42*
UNIT 12　No.221–No.240 ………………………………… *46*
UNIT 13　No.241–No.260 ………………………………… *50*
UNIT 14　No.261–No.280 ………………………………… *54*
UNIT 15　No.281–No.300 ………………………………… *58*

INDEX　*63*
チェックテスト用解答用紙　巻末

―― TOEIC® L&R Test スコア400–500／英検準2級レベル ――
頻出英単語 300 精選

UNIT 1

🎧 1

1 ☐ **article** [áːrtikl]
名 (新聞・雑誌の) 記事、論文
☆ TOEIC テスト以外では「条項」の意味もよく使われる。

2 ☐ **conference** [kánfərəns]
名 会議；協議

3 ☐ **cost** [kɔ́ːst]
名 費用、値段　動 (時間・費用) がかかる
*《形》costly「(値段が) 高い、費用のかかる」

4 ☐ **customer** [kʌ́stəmər]
名 顧客、買い手、取引先

5 ☐ **delivery** [dilívəri]
名 配達、…便
*《動》deliver「を配達する；(スピーチ) をする」

6 ☐ **employee** [implɔ́iiː]
名 社員、従業員
*《名》employer「雇用主」；《動》employ「を雇用する」

7 ☐ **equipment** [ikwípmənt]
名 機器、道具、備品
*《動》equip「を備える；を装備する」

8 ☐ **item** [áitəm]
名 品物、商品；(商品・製品などの) 品目；(法律の) 条項

9 ☐ **purchase** [pə́ːrtʃəs]
名 購入、購入品　動 を買う、を購入する

10 ☐ **reservation** [rèzərvéiʃən]
名 (ホテル・レストランなどの) 予約
*《動》reserve「を予約する」

No. 1– No. 20

11 advertise
[ǽdvərtàiz]
動 を宣伝する、を広告する
*《名》**advertisement**「宣伝、広告」

12 attend
[əténd]
動 に出席する、に参加する
*《名》**attendance**「出席」; **attendee**「出席者」; **attendant**「接客係」

13 complete
[kəmplíːt]
動 を完了する、を仕上げる、を終える　形 完全な
*《副》**completely**「完全に、まったく」

14 confirm
[kənfə́ːrm]
動 を確かめる、を確認する
*《名》**confirmation**「確認」

15 contact
[kάntækt]
動 に連絡する　名 接触；関係
☆ TOEIC テストでは動詞の例が圧倒的に多い。

16 mention
[ménʃən]
動 に言及する、を話に出す

17 offer
[ɔ́(ː)fər]
動 を提供する、を申し出る　名 提供、申し出

18 review
[rivjúː]
動 をよく調べる；を見直す　名 （書物などの）批評；再調査；復習

19 store
[stɔ́ːr]
動 を保存する、を蓄える　名 店、小売店；大型店

20 suggest
[səgdʒést]
動 を提案する、を持ちかける；を暗示する
*《名》**suggestion**「提案」

UNIT 1

Dictation 1

🎧 2 ●●●●●

1. I'm going to a (　　　　　　) at the end of next week.　　来週の終わりに会議に行く予定です。

2. All of your (　　　　　　) shipped this morning.　　お客様の品物はすべて今朝発送いたしました。

3. Your order will arrive by express (　　　　　　) on Monday.　　ご注文の品は月曜日にお急ぎ便で届きます。

4. There are no (　　　　　　) that we can reduce.　　減らせる経費はありません。

5. My (　　　　　　) will be published in the September issue.　　私の記事は9月号で発表されます。

🎧 3 ●●●●●

6. I completely forgot to make the hotel (　　　　　　).　　私はホテルの予約をすることを完全に忘れた。

7. He is a former (　　　　　　) of XYZ Corporation.　　彼はXYZ社の元社員です。

8. We're offering new (　　　　　　) free Internet access for the first month.　　新規のお客様には最初の1か月間、インターネット接続は無料です。

9. My biggest (　　　　　　) last year was a car.　　去年のいちばん高い買い物は車だった。

10. These posters were designed to promote a new line of training (　　　　　　).　　これらのポスターは新商品のトレーニング機器を宣伝するためにデザインされた。

4　UNIT 1

Dictation 2

🎧 4 ●●●●●

11. I ( ) you buy a non-sugar type of yogurt.
無糖タイプのヨーグルトをお買い求めされることをお勧めいたします。

12. We will collect opinions and ( ) responses to an online survey.
ご意見を収集し、ネット調査に対する回答をよく調べます。

13. I'm calling to ( ) your appointment with Professor Drake tomorrow at ten-thirty.
明日10時30分のドレイク教授とのお約束を確認したく、お電話を差し上げております。

14. I have a few things to ( ) before finishing today's lecture.
本日の講演を終えるまえにいくつかお伝えすることがあります。

15. The project will be ( ) on or before August 31st.
このプロジェクトは8月31日あるいはその日までに完了します。

🎧 5 ●●●●●

16. I'm looking for ways to ( ) our new website.
私は我が社のウェブサイトを宣伝するための方法を探しています。

17. This article says that coffee should not be ( ) in the freezer.
この記事によると、コーヒーは冷凍庫に保存してはいけない。

18. The seminar will be ( ) by professionals in the music industry.
セミナーには音楽業界の専門家たちが参加することになっている。

19. Please feel free to ( ) our staff via email or telephone.
メールあるいは電話でご遠慮なく弊社のスタッフにご連絡くださいませ。

20. We can ( ) you a 20% discount on this jacket.
このジャケットは20パーセント引きでご提供することができます。

UNIT 1   5

UNIT 2

🎧 6

21 appointment [əpɔ́intmənt]
名 (会合などの) 予約、約束

22 construction [kənstrʌ́kʃən]
名 建設、建築；建造物　*《動》construct「を建設する」

23 instruction [instrʌ́kʃən]
名 (通例 ~s) 指示；(~s) 使用 [取扱い] 説明書
*《動》instruct「に指示する」《名》instructor「インストラクター」

24 material [mətíəriəl]
名 資料、教材；機材、用具；生地

25 purpose [pə́ːrpəs]
名 目的、目標

26 concern [kənsə́ːrn]
動 (しばしば be concerned の形で) 心配する (about, over)、気にする　名 心配、関心事
《前》concerning「〜に関して」

27 discuss [diskʌ́s]
動 を議論する、を話し合う
☆ discuss は他動詞なので discuss about とは言わない。

28 expect [ikspékt]
動 を予期 [予想] する；を期待する
*《名》expectation「予期、予想；期待」

29 hire [háiər]
動 を雇用する

30 include [inklúːd]
動 を含む、を包含する
*《前》including「〜を含めて」

| 31 □ **increase**
[動] [inkríːs]
[名] [ínkriːs] | 動 増加する、増える；を増やす　名 増加、増大 |

| 32 □ **provide**
[prəváid] | 動 を供給する、を提供する |

| 33 □ **repair**
[ripéər] | 動 を直す、を修理する　名 修理 |

| 34 □ **submit**
[səbmít] | 動 を提出［提示］する |

| 35 □ **update**
[動] [ʌpdéit]
[名] [ʌ́pdèit] | 動 を更新する、を最新版にする　名 更新、最新情報
☆ TOEIC テストでは動詞の例が非常に多い。 |

| 36 □ **additional**
[ədíʃənəl] | 形 追加の、付加的な
*《名》addition「追加、付加」 |

| 37 □ **available**
[əvéiləbl] | 形 手があいている；利用できる、入手できる
*《名》availability「手の空き具合；利用［使用］できること」 |

| 38 □ **financial**
[fináenʃəl] | 形 財務の、金融の
*《名》finance「財務；融資；財政学」 |

| 39 □ **online**
[ɔ́nlàin] | 形 インターネットの、ネットワーク上の　副 インターネットで、ネットワーク上に |

| 40 □ **recently**
[ríːsntli] | 副 最近、この頃
*《形》recent「最近の、この頃の」 |

UNIT 2

Dictation 1

🎧 7 ●●●●●

1. You can use any of the photos for commercial (　　　　　).	どの写真も商用目的でご利用いただけます。
2. Be sure to listen carefully when the (　　　　　) play.	指示が流れるときには、必ず注意して聞きなさい。
3. His new works are made entirely of recycled (　　　　　).	彼の新しい作品はすべてリサイクル品から制作されている。
4. I'm afraid we don't have any (　　　　　) available until next week.	あいにく来週まで取れる予約はありません。
5. (　　　　　) is expected to last at least six months.	建設作業は少なくとも6か月間続くと思われます。

🎧 8 ●●●●●

6. We have (　　　　　) part-time programmers for several projects.	我が社は複数のプロジェクトにパートのプログラマーを雇用した。
7. Property tax is set to (　　　　　) next year.	固定資産税は来年上がる予定である。
8. These bikes are (　　　　　) by volunteers and then sold at low prices.	これらの自転車はボランティアによって修理され、その後低価格で販売されます。
9. We (　　　　　) goods and services for elderly people living alone.	我が社は一人住まいの高齢者のために商品とサービスを提供しております。
10. Here is a list of subjects to be (　　　　　) in the meeting.	これはミーティングで議論される主題の一覧です。

8　UNIT 2

Dictation 2

🎧 9 ●●●●●

11. More than 10,000 runners are (　　　　　) to participate in the marathon tomorrow.
    1万人以上のランナーが明日のマラソンに参加するものと思われています。

12. The system for storing data has been (　　　　　).
    データを保存するシステムは、更新されました。

13. The employees are (　　　　　) about their working conditions.
    従業員は自分たちの労働環境について心配している。

14. Please make sure that you (　　　　　) your report by May 15th.
    レポートは必ず5月15日までに提出してください。

15. More details were (　　　　　) in last month's newsletter.
    より詳しいことは先月のニューズレターに含まれていました。

🎧 10 ●●●●●

16. Please let me know if you will be (　　　　　) on April 15th.
    4月15日のご都合がよろしければお知らせください。

17. Mr. Moore is the owner of a (　　　　　) services company.
    ムーア氏は金融サービス会社のオーナーです。

18. I'm calling about the dishes that I (　　　　　) bought at your store.
    最近そちらの店で購入したお皿のことで電話をしています。

19. You can access up to 1,000,000 songs without any (　　　　　) payment.
    追加の支払いをすることなく、100万曲にアクセスすることができます。

20. You can use this coupon for a 15% discount on any (　　　　　) purchase.
    この15パーセント割引きのクーポンは、どのネット購入品でもご利用いただけます。

UNIT 2

UNIT 3

🎧 11

41 advance [ædvǽns]
名 前進；進歩；(時の) 進行　*in advance「前もって」
形 事前の、あらかじめの
*《形》advanced「上級の；進歩した」

42 application [æplikéiʃən]
名 申し込み、出願；願書；アプリ
*apply「申し込む (for)」

43 board [bɔ́:rd]
名 取締役 (会)、役員 (会)
*board of directors「取締役 [役員] 会」

44 budget [bʌ́dʒit]
名 予算、経費

45 deadline [dédlàin]
名 締め切り、期日

46 detail [dí:teil]
名 詳細　*in detail「詳細に、つぶさに」　動 を詳しく述べる
*《形》detailed「詳しい」

47 issue [íʃu:]
名 発行、出版物、(雑誌・新聞の) 号、刷；問題点、課題
動 を発行する；を発表する
☆ TOEIC テストでは名詞の例が非常に多い。

48 policy [pɑ́ləsi]
名 (政府や会社などの) 政策、方針

49 research [rí:sə̀:rtʃ]
名 調査、研究　動 を調査する、を研究する
☆ TOEIC テストでは名詞の例が圧倒的に多い。

50 supply [səplái]
名 供給；必需品、備品；(備えの) 量 (of)　動 を供給する

| 51 **agree** [əgríː] | 動 (…ということ) を認める (that ...)；同意する (with, on, to do)
*《名》agreement「合意；協定」 |

| 52 **arrange** [əréindʒ] | 動 を準備 [手配・計画] する
*《名》arrangement「準備、手配、用意」 |

| 53 **charge** [tʃɑ́ːrdʒ] | 動 (代金) を請求する 名 料金；義務、責任
☆ 動詞も名詞も同じような頻度で使用される。 |

| 54 **deliver** [dilívər] | 動 を配達する；(スピーチ) をする
*delivery「配達」 |

| 55 **locate** [lóukeit] | 動 (受身形で) 位置する；の位置を見つける
*《名》location「場所、位置」 |

| 56 **participate** [pɑːrtísəpèit] | 動 参加 [参画] する (in) |

| 57 **recommend** [rèkəménd] | 動 を勧める、を推薦する
*《名》recommendation「推薦」 |

| 58 **replace** [ripléis] | 動 を取り換える、を置き換える
*《名》replacement「交換 (品)；交代要員」 |

| 59 **reserve** [rizə́ːrv] | 動 を予約する；を取っておく；(判断など) を差し控える
*《名》reservation「予約」 |

| 60 **ship** [ʃíp] | 動 を出荷 [発送・輸送] する 名 船、船舶
*《名》shipment「出荷；積荷」 |

Dictation 1

🎧 12 ●●●●●

1. Visit the Classic Car Museum website for more (　　　　　　).
   より詳しい情報のためにはクラシックカー・ミュージアムのウェブサイトを訪問してください。

2. He will soon resign from the (　　　　　) of directors.
   彼はまもなく取締役会を退くだろう。

3. Tickets can be purchased in (　　　　　) by visiting our website.
   当ウェブサイトを訪れていただければ、前もってチケットを購入できます。

4. We have a very large (　　　　　) of kitchen tools.
   我が社は十分な量の台所用具を用意しております。

5. You can see all of our company (　　　　　) listed below.
   下に記載されている我が社の方針をすべて見ることができます。

🎧 13 ●●●●●

6. (　　　　　) shows that eating chocolate is good for your health.
   研究によるとチョコレートを食べることは健康に良い。

7. Let's extend your report (　　　　　) by one week.
   あなたのレポートの締め切りを1週間延ばしましょう。

8. We're hard at work on the next (　　　　　) of *Enjoy Nature*.
   私たちは次号の『エンジョイ・ネイチャー』の作業に没頭しています。

9. We have received 3,000 (　　　　　) in the past four weeks.
   過去4週間で3千人の申し込みがありました。

10. I have to tell you what our (　　　　　) is.
    我が社の予算についてお伝えしなければなりません。

Dictation 2

🎧 14 ●●●●●

11. I'm going to (　　　　　) in next week's marathon in Boston. | 来週ボストンで行われるマラソンに参加する予定だ。

12. Orders prior to 3:00 p.m. will (　　　　　) on the day. | 午後3時までにご注文いただければ、当日に配送いたします。

13. Tourist information centers are (　　　　　) at the north and south exits. | 観光案内所は北と南の出口にあります。

14. I wanted to (　　　　　) the red ink in my printer. | プリンターの赤いインクを取り換えたい。

15. (　　　　　) early if you want a seat near the stage. | ステージ近くの座席をご希望の場合は、早くご予約ください。

🎧 15 ●●●●●

16. She fixed the problem but did not (　　　　　) me for the repair. | 彼女は不具合を直したが、私に修理代を請求しなかった。

17. If traveling by car, I (　　　　　) the Pacific Coast Highway. | もし車で旅行するなら、パシフィック・コースト・ハイウェイがお勧めです。

18. He (　　　　　) that the problem is more difficult than expected. | 問題は思っていたより難しいと、彼は認めている。

19. Ms. White wants us to (　　　　　) the dining table a day early. | ホワイトさんはダイニングテーブルの1日早い配送を希望しています。

20. The hotel staff will (　　　　　) taxi service to the airport. | ホテルの係員が空港へのタクシーを手配いたします。

UNIT 3　13

UNIT 4

🎧 16

61 firm [fə́ːrm]
- 名 会社、事務所 形 堅い、丈夫な

62 management [mǽnidʒmənt]
- 名 経営(者)、管理(者)
- *《動》manage「を経営する；を扱う；を成し遂げる」

63 opportunity [àpərtjúːnəti]
- 名 機会、チャンス

64 option [ápʃən]
- 名 選択できるもの、選択肢；付属のもの［品］
- *《形》optional「任意の、選択が自由の」

65 performance [pərfɔ́ːrməns]
- 名 公演、演奏、演技；(仕事などの)成績、出来ばえ

66 process [práses]
- 名 工程、課程、プロセス 動 を処理する、を加工する
- ☆ TOEIC テストでは名詞の例が非常に多い。

67 production [prədʌ́kʃən]
- 名 生産(物)；製品；制作
- *《動》produce「を生産する」、《名》product「製品」、《形》productive「生産性の高い」

68 release [rilíːs]
- 名 発売、発表 動 (本・CD など)を発売する、(情報)を発表［公開］する；を解放する

69 result [rizʌ́lt]
- 名 結果；成績、業績 動 〜の結果となる (in)

70 transportation [trænspərtéiʃən]
- 名 (主に米) 交通機関；輸送
- *《動》transport「を輸送する」

71	**apply** [əplái]	動 適用される (to)；申し込む (to, for)；を（〜に）適用［応用］する (to) *《名》applicant「志願者、応募者」
72	**approve** [əprúːv]	動 を認可［承認］する；に賛成する *《名》approval「承認；賛成」
73	**cancel** [kǽnsl]	動 を取り消す、を取りやめる、をキャンセルする *《名》cancellation「(予約の) キャンセル、取り消し」
74	**publish** [pʌ́bliʃ]	動 を発行する、を出版する；(正式に) を発表する、を公表する *《名》publishing「出版(業)」、publisher「出版社」
75	**reduce** [ridúːs]	動 を減らす；を値下げする *《名》reduction「割引、縮小、削減」
76	**annual** [ǽnjuəl]	形 年に一度の、例年の、毎年の *《副》annually「毎年、年一回」
77	**current** [kə́ːrənt]	形 現在の、最新の *《副》currently「目下、現在」
78	**due** [djúː]	形 期限が来て；〜する予定で (for) * due to「〜のため；〜が原因で」
79	**recent** [ríːsənt]	形 最近の、新しい *《副》recently「最近」
80	**upcoming** [ʌ́pkʌ̀miŋ]	形 もうすぐやって来る、今度の

Dictation 1

🎧 17 ●●●●●

1. The (　　　　　) is hoping to attract more tourists from foreign countries.
   経営陣は外国からより多くの旅行者を呼び込むことを望んでいます。

2. I'd like to get more detailed information about this new (　　　　　).
   この新しい工程に関してもっと詳しい情報がほしいです。

3. Dustin and I are working at the same (　　　　　).
   ダスティンと私は同じ会社で働いています。

4. There are big (　　　　　) here for people with the necessary skills.
   ここには、必要なスキルを持った人に大きなチャンスがある。

5. Each breakfast set comes with several different (　　　　　).
   朝食セットごとに、いくつかの異なった付属のもの（料理・飲み物など）が付いてきます。

🎧 18 ●●●●●

6. I am waiting for the (　　　　　) of my physical checkup.
   健康診断の結果を待っているところです。

7. He has delayed the (　　　　　) of his new album yet again.
   彼はまたもや新しいアルバムの発売を延期した。

8. Our new plant has targeted a 50 percent increase in (　　　　　).
   我が社の新しい工場は、生産の50パーセント増を目標にしている。

9. There's going to be a free classical (　　　　　) in the new theater.
   新しいシアターでクラシックの無料公演が行われる予定だ。

10. I tried to find a less costly means of (　　　　　).
    私はもっと費用のかからない交通手段を見つけようとしました。

Dictation 2

🎧 19 ●●●●●

11. The room price is (   ) by twenty percent on weekdays.

    部屋の料金は平日20パーセント割引になります。

12. You will know immediately if you've been (   ) or not.

    あなたが承認されたかどうかについてはすぐに分かります。

13. The interview will be (   ) in the June issue of *Home Living*.

    そのインタビューは『ホームリビング』の6月号で出版される。

14. These rates (   ) only to items purchased during the clearance sale.

    これらの価格はクリアランスセール期間中に購入される品物にのみ適用されます。

15. I forgot to (   ) my dentist appointment.

    かかりつけの歯医者の予約を取り消すことを忘れました。

🎧 20 ●●●●●

16. My city's (   ) charity event will be held next Sunday.

    私の町の毎年恒例のチャリティーイベントは次の日曜日に開催されます。

17. The sales report is (   ) tomorrow, but I haven't prepared anything.

    売り上げ報告書の締め切りは明日だが、何も準備していない。

18. The links below show some of our (   ) and future projects.

    下のリンクには現在と将来のプロジェクトがいくつか示されています。

19. We are very excited about our (   ) trip to Hawaii.

    私たちは今度のハワイ旅行にとてもワクワクしている。

20. Customers are able to view a summary of (   ) purchases.

    お客様は最近の購入品の概要を閲覧することができます。

UNIT 4   17

UNIT 5

🎧 21

81 **access** [ǽkses]
名 近づく[入る]権利；接近(方法)；通路　動 に接近する
*《形》accessible「近づきやすい、利用できる」

82 **addition** [ədíʃən]
名 付け足すこと；追加されたもの　*in addition to「～に加えて」
*《形》additional「追加の」

83 **advertisement** [ædvərtáizmənt]
名 広告、宣伝
*《動》advertise「を宣伝する」

84 **colleague** [káliːg]
名 同僚、仲間

85 **contract** 〔名〕[kɑ́ntrækt] 〔動〕[kəntrǽkt]
名 契約(書)　動 と契約する
☆ TOEIC テストでは名詞の例が非常に多い。

86 **display** [displéi]
名 展示(品)；表示；(感情などの)表れ　動 を展示する；(感情など)を見せる
☆ TOEIC テストでは名詞の例が非常に多い。

87 **participant** [pɑːrtísəpənt]
名 参加者、関係者
*《動》participate「参加する」

88 **representative** [rèprizéntətiv]
名 担当者；代表者；販売代理人、セールスマン

89 **resource** [ríːsɔːrs]
名 (通例 ~s) 資源、資産
*human resources「人的資源、人材」

90 **survey** 〔名〕[sə́ːrvei] 〔動〕[sərvéi]
名 調査；概観　動 を調査する；を概説する

91 **accept** [əksépt]	動 を引き受ける、を受け入れる、を受理する *《名》acceptance「受け入れ」、《形》acceptable「受け入れられる」
92 **add** [ǽd]	動 を (…に) 加える (to) *《名》addition「追加、付加」、《形》additional「追加の、さらなる」
93 **carry** [kǽri]	動 を運ぶ、を持って行く
94 **cover** [kʌ́vər]	動 をおおう；(保険が) を補償する；(費用など) をまかなう 名 カバー；表紙 *《名》coverage「(保険の) 補償；報道」
95 **decide** [disáid]	動 を決心する (to do, that ...)；決める (on, about) *《名》decision「決定；決心」
96 **delay** [diléi]	動 を遅らせる 名 遅延、遅滞 * ☆ TOEIC テストでは動詞、名詞ともに多い。
97 **fill** [fíl]	動 を一杯にする、を満たす；一杯になる (with) *fill in「に書き入れる」
98 **follow** [fálou]	動 に従う；について行く；の後に来る *《形》following「次の」
99 **install** [instɔ́:l]	動 を設置する；をインストールする
100 **register** [rédʒistər]	動 (正式に) を登録する；を記録する；を書留にする 名 (店の) レジ、自動記録機

UNIT 5

Dictation 1

🎧 22 ●●●●●

1. (　　　　　　　　) must be at least 18 years old.　　参加者は少なくとも18歳でなければなりません。

2. I saw an (　　　　　　　　　　) for a new car on TV.　　テレビで新しい車の宣伝を見ました。

3. Two of the firm's (　　　　　　　　) will be visiting tomorrow.　　会社の担当者2人が明日やって来ることになっています。

4. Thank you for agreeing to participate in our online (　　　　　　　).　　オンライン調査の参加に同意していただき、ありがとうございます。

5. The light switch is to the right of the (　　　　　　　) case.　　電気のスイッチは陳列棚の右手にあります。

🎧 23 ●●●●●

6. We have several exciting new (　　　　　　　) to our menu.　　当レストランのメニューには新たにワクワクするものがいくつか加わっています。

7. Some of my (　　　　　　　　) eat lunch in the office.　　同僚の何人かはオフィスで昼食をとります。

8. Please use this form to contact the human (　　　　　　　) department.　　このフォームを使用して人事部にご連絡ください。

9. Last week I signed an important (　　　　　　　) with Tomson Advertising.　　先週、トムソン広告社と重要な契約を締結しました。

10. The ID card will provide (　　　　　　　) to all areas within this sports center.　　IDカードはこのスポーツセンターのすべてのエリアに入る許可を与えてくれます。

20　UNIT 5

Dictation 2

🎧 24 ●●●●●

11. We have ( ) to allow library visitors free access to Wi-Fi.
当館は図書館のビジターに Wi-Fi への無料アクセスを認める決定をしました。

12. It is very important that you ( ) these instructions.
これらの指示に従うことは非常に重要です。

13. The new gallery is ( ) with excellent paintings and photographs.
その新しいギャラリーはすばらしい絵画と写真で一杯である。

14. The machine will not ( ) cash nor credit cards.
この機械は現金やクレジットカードを受け付けません。

15. This insurance does not ( ) medical costs abroad.
この保険は海外での医療費を補償していません。

🎧 25 ●●●●●

16. Many trains were ( ) due to the last night's storm.
昨夜の嵐のせいで、多くの電車が遅延した。

17. In most years more than 10,000 people ( ) as volunteers for the event.
そのイベントのために例年1万人以上の人がボランティアとして登録している。

18. You must ( ) your driver's license when you drive a car.
車を運転するときには運転免許証を携行しなければならない。

19. Please ( ) your email address if you wish to receive flight information.
フライト情報の受け取りを希望される場合は、メールアドレスを追加してください。

20. I'm busy helping my father ( ) the new software.
私は父が新しいソフトウェアをインストールする手助けをするので忙しい。

UNIT 5   21

UNIT 6

🎧 26

101 **description** [diskrípʃən]
名 説明、記述、描写
*《動》describe「を説明する」

102 **facility** [fəsíləti]
名 施設、設備

103 **fund** [fʌ́nd]
名 (しばしば ~s) 資金、基金　動 に資金を出す
☆ TOEIC テストでは名詞の例が非常に多い。

104 **industry** [índəstri]
名 産業、業界
*《形》industrial「工業[産業]の」

105 **plant** [plǽnt]
名 工場；植物　動 を植える
☆ TOEIC テストでは名詞（工場）の例が多い。

106 **allow** [əláu]
動 を許す、(時間・金) を与える；を考慮に入れる(for)

107 **conduct** [動][kəndʌ́kt] [名][kándʌkt]
動 (調査・実験・事業など) を行う、を実施する
名 行為、行動；管理、処理
☆ TOEIC テストでは動詞の例が非常に多い。

108 **consider** [kənsídər]
動 を検討する、を考慮する；~と見なす
*《形》considerable「かなりの；著名な」

109 **develop** [divéləp]
動 を開発する；を発達させる
*《名》developer「開発者；住宅開発業者」、development「発達、進歩；開発」

110 **expand** [ikspǽnd]
動 を拡大する、を拡張する
*《名》expansion「拡大、拡張」

111	**extend** [iksténd]	動 を伸ばす、を延長する、を拡張する；伸びる *《名》extension「拡張；延長」
112	**feature** [fíːtʃər]	動 を呼び物にする、を上演する；を特徴づける 名 特徴、特色；特集記事［番組］
113	**invite** [inváit]	動 を招待する、に勧める (to, to do) *《名》invitation「招待（状）、勧誘」
114	**launch** [lɔ́ːntʃ]	動 を開始する；を売り出す；を発射する
115	**lead** [líːd]	動 を指揮する、を仕切る；を案内する；を連れて行く (to) *《形》leading「一流の、主要な；首位の」
116	**note** [nóut]	動 に留意［注意］する (that ...)　名 メモ、注釈 ☆ TOEIC テストでは動詞の例が非常に多い。 *《形》noted「有名な」
117	**organize** [ɔ́ːrɡənàiz]	動（催し物など）を計画［準備］する；(団体など) を組織する *《名》organization「団体、組織」
118	**produce** [prədúːs]	動 を生産する、を制作する *《名》production「生産」
119	**promote** [prəmóut]	動 を昇進させる；を推進する、(商品など) の販売促進を行う *《名》promotion「昇進；販売促進」
120	**require** [rikwáiər]	動 を要求する、を必要とする *《名》requirement「必要な物［こと］；資格」

Dictation 1

🎧 27 ●●●●●

1. There are no restroom (   ) in the park.
   この公園にはトイレの施設はありません。

2. We have the (   ) necessary to rebuild the campus library.
   当校には大学図書館を建てなおすために必要な資金があります。

3. Click here for a full (   ) of the volunteer program.
   ボランティアプログラムの全説明については、ここをクリックしてください。

4. She has worked in the fashion (   ) for 40 years.
   彼女はファッション産業で40年間働いてきた。

5. Cosmo Motors has announced plans to open a new production (   ).
   コスモモーターズは新しい生産工場を開設する計画を発表した。

🎧 28 ●●●●●

6. I will (   ) attending future workshops offered by Dr. Reed.
   リード博士が今後行うワークショップに参加することを検討します。

7. Professor Brown will only (   ) two absences in his seminar class.
   ブラウン教授は、ゼミのクラスでは2回の欠席しか許さない。

8. We would like to (   ) you to attend our workshop.
   あなたを私たちのワークショップにご招待したく存じます。

9. Reservations are (   ) 24 hours in advance for every show.
   予約はそれぞれのショーの24時間前に前もって行う必要があります。

10. We have decided to (   ) the store's operating hours.
    当店は店の営業時間を延ばすことを決定しました。

24　UNIT 6

Dictation 2

🎧 29 ●●●●●

11. Ms. Thomson has been (   ) to Senior Vice President of Marketing.

    トムソンさんはマーケティングの上級副社長に昇進しました。

12. Live jazz is (   ) each Friday and Saturday from 7:00 to 10:00 p.m.

    毎金曜と土曜の午後7時から10時まで、ライブジャズが演奏されます。

13. The project team has (   ) web services that encourage community participation.

    プロジェクトチームは地域社会の参加を促進するウェブサービスを開発しました。

14. He's (   ) a tour for a group of twenty.

    彼は20名の団体のために旅行の計画を立てています。

15. The university will soon (   ) its online class.

    その大学はまもなくオンライン授業を拡張します。

🎧 30 ●●●●●

16. The new campaign will be (   ) later this month.

    新しいキャンペーンは今月中に始まります。

17. That's an old model that we no longer (   ).

    それはもう生産していない旧モデルです。

18. Please (   ) that we will be closed on July 4th.

    7月4日が休館となることをご留意ください。

19. My boss won't be able to (   ) the meeting tomorrow.

    私の上司は明日のミーティングを仕切れなくなりそうだ。

20. She has (   ) research on health services in Canada.

    彼女はカナダにおける医療サービスに関する調査を行った。

UNIT 6

UNIT 7

🎧 31

121 **bill**
[bíl]
名 請求書、請求金額　動 に請求書を送る、に勘定書で請求する

122 **career**
[kəríər]
名 経歴、職歴、職業

123 **complaint**
[kəmpléint]
名 不平、不満、クレーム、苦情
*《動》complain「(不平、苦情) を言う」

124 **expense**
[ikspéns]
名 費用；(-s) 経費、〜費

125 **notice**
[nóutis]
名 通知、通達　動 に気付く、に注目する

126 **promotion**
[prəmóuʃən]
名 昇進、昇格；促進
*《形》promotional「昇進の；販売促進の」

127 **property**
[prápərti]
名 財産、資産；不動産 (物件)

128 **rate**
[réit]
名 料金；割合；速度；相場　動 を評価する；を格付けする

129 **resume**
[名] [rézəmèi]
[動] [rizú:m]
名 (主に米・カナダ) 履歴書　動 (を) 再開する
☆ TOEIC テストでは名詞の例が非常に多い。
☆ 名詞と動詞で発音異なる。

130 **shipment**
[ʃípmənt]
名 出荷物、積荷；出荷　*《動》ship「を出荷する」

26　UNIT 7

No. 121– No. 140

131 correct [kərékt]
動 (誤りなど) を修正する、を訂正する　形 正しい、的確な
*《名》correction「訂正、修正」

132 describe [diskráib]
動 を述べる；を (～と) 描写する
*《名》description「描写；説明」

133 enter [éntər]
動 に入る；に入学する；を入力する

134 focus [fóukəs]
動 特に注意する (on)；焦点が当たる　名 関心の的；(物理的な) 焦点

135 grow [gróu]
動 成長する；増える；を育てる
*《名》growth「成長；発育；発展」

136 improve [imprú:v]
動 を改善する、を向上させる；良くなる
*《名》improvement「上達；改善」

137 lose [lú:z]
動 をなくす；を見失う；に負ける
*lost and found「遺失物取扱所」

138 operate [ápərèit]
動 (機械などが) 稼働する；(企業が) 営業する；を経営 [運営] する；を操作する
*《名》operation「操作；事業；手術」

139 serve [sə́:rv]
動 (食事・飲み物など) を出す；に仕える、に役立つ
*《名》service「事業；供給；(バスなどの) 便；世話」

140 share [ʃɛ́ər]
動 を共有する；を分担する　名 市場占有率；分け前
☆ TOEIC テストでは動詞の例が非常に多い。

UNIT 7　27

Dictation 1

🎧 32 ●●●●●

1. One way to cut costs is to limit travel (　　　　　).　　経費を減らす一つの方法は、出張費を制限することである。

2. Pets are not allowed in our rental (　　　　　).　　当社の賃貸物件ではペットは許されていません。

3. Please complete the form below to receive a discounted (　　　　　).　　割引価格を受けるために、下のフォームにすべて記入してください。

4. Her banking (　　　　　) began with TX Savings and Loans in 1995.　　彼女の銀行員としての職歴は1995年、TX Savings and Loansで始まった。

5. Members can receive ten percent off their total (　　　　　).　　会員は支払請求書から10パーセントの割引を受けることができます。

🎧 33 ●●●●●

6. Please give 24 hours (　　　　　) before canceling any class.　　どの授業のキャンセルも、24時間前までに通知してください。

7. It is my job to handle (　　　　　) from customers.　　お客様の苦情を処理するのが私の仕事です。

8. Be sure to send your (　　　　　) by email.　　必ず履歴書をメールでお送りください。

9. Congratulations on your (　　　　　) to restaurant manager.　　レストランのマネージャーに昇進したことをお祝いいたします。

10. We will receive a (　　　　　) of 100 televisions tomorrow.　　当社は明日、テレビ100台の荷物を受け取ります。

28　UNIT 7

Dictation 2

🎧 34 ●●●●●

11. I must have (　　　　　) my mobile phone while walking around the market.　　市場のまわりを歩いているうちに携帯電話をなくしたに違いない。

12. Meals are (　　　　　) according to the following schedule.　　食事は次のスケジュールで出されます。

13. We will (　　　　) on this order and deliver it on time.　　この注文には特に注意して期日通りに配送いたします。

14. The train (　　　　　) more frequently during the holidays.　　電車は休日期間はさらに頻繁に運行されます。

15. Please use the chat room to (　　　　　) new ideas.　　新しいアイディアを共有するためにこのチャットルームをお使いください。

🎧 35 ●●●●●

16. When applying a coupon from our website, (　　　　　) the discount code number.　　当ウェブサイトからクーポン券を申し込むときには、ディスカウントコード番号を入力してください。

17. He was born in Japan but (　　　　　) up in Sydney.　　彼は日本で生まれたが、シドニーで成長した。

18. Your comments will help us (　　　　　) the seminar for future groups.　　あなたのコメントをいただければ、今後のグループセミナーの向上に役立ちます。

19. There are a few items in your report that must be (　　　　　).　　あなたの報告書には訂正すべき点がいくつかある。

20. This guidebook (　　　　　) cycling routes throughout Japan.　　このガイドブックには日本中のサイクリングルートが記述されています。

UNIT 7　29

UNIT 8

🎧 36

141 **decision** [disíʒən]
名 決意、決断、決定事項
*《動》decide「を決心する」

142 **exhibition** [èksəbíʃən]
名 展示会、展覧会、見本市；展示物
*《動／名》exhibit「を展示する／展示品」

143 **identification** [aidèntəfikéiʃən]
名 身分証明書（略：I.D.; ID）
*《動》identify「の身元を確認する」

144 **skill** [skíl]
名 技能、スキル

145 **suggestion** [səgdʒéstʃən]
名 提案；暗示
*《動》suggest「を提案する；をほのめかす」

146 **appear** [əpíər]
動 〜のように見える；現れる、登場する
*《名》appearance「外観；出現」

147 **celebrate** [séləbrèit]
動 （特別な日）を祝う、（式典）を挙行する
*《名》celebration「祝い；祝祭」

148 **distribute** [distríbju:t]
動 を配る、を配達する、を流通させる
*《名》distributor「卸業者；販売業者」

149 **encourage** [inkə́:ridʒ]
動 を勧める、を奨励する (to do)

150 **ensure** [enʃúər]
動 を確実にする、を保証する；を守る

151	**estimate** [動] [éstəmèit] [名] [éstəmət]	動 を見積もる、を推定する　名 見積もり
152	**fix** [fíks]	動 を修理する、を直す；を決める
153	**indicate** [índikèit]	動 を指し示す；を述べる
154	**miss** [mís]	動 を逃す、を取り損なう；(乗り物など) に乗り損なう；に失敗する
155	**rent** [rént]	動 を賃借りする、を賃貸しする *《形》**rental**「賃貸用の」
156	**corporate** [kɔ́ːrpərət]	形 法人の、企業の *《名》**corporation**「法人；団体」
157	**following** [fálouiŋ]	形 次の　名 次のこと、下記 *《動》**follow**「に従う」
158	**potential** [pəténʃəl]	形 可能性 [見込み] がある、潜在的な　名 可能性、潜在力
159	**previous** [príːviəs]	形 (時間、順序が) 前の、以前の *《副》**previously**「前もって、以前は」
160	**similar** [símələr]	形 (〜に) 似ている (to)；同様の、類似の

Dictation 1

🎧 37 ●●●●●

1. Use the form below to send (　　　　　　　　). 　下のフォームを使用してご提案をお送りください。

2. You must show your employee (　　　　　　) card at the entrance. 　入り口で従業員身分証明書を提示する必要があります。

3. Applicants must have (　　　　　　) necessary for the job. 　応募者は仕事に必要な技能を持っていなければならない。

4. To change companies was the biggest (　　　　　　) of my life. 　会社を移ることは私の人生にとって最も大きな決断だった。

5. Audio tours of the (　　　　　　) will not be available this afternoon. 　展覧会のオーディオツアーは、今日の午後は利用できません。

🎧 38 ●●●●●

6. The company logo (　　　　　　) on the sleeve of all tournament T-shirts. 　会社のロゴは、すべての試合のTシャツのそでに提示されます。

7. Your order form (　　　　　　) that you selected an extra-large shirt. 　あなたの注文フォームには、特大のシャツを選択したことが示されています。

8. Goodwill Corp. will (　　　　　　) its 30th anniversary in September. 　グッドウィル・コーポレーションは、9月に30周年を祝います。

9. Due to heavy traffic, he nearly (　　　　　　) his flight. 　ひどい交通渋滞のせいで、彼は飛行機に遅れるところだった。

10. We'd like to (　　　　　　) an office in this building. 　このビルの事務所を貸したいと思っています。

Dictation 2

🎧 39 ●●●●●

11. The first quarter sales report will be (　　　　　) this afternoon.　　第１四半期の販売報告書は今日の午後に配布される。

12. It's important to know how to (　　　　　) moving expenses.　　変動費を推定する方法を知ることは重要である。

13. We must (　　　　　) that our website is secure from attacks.　　我が社のウェブサイトが攻撃される恐れがないことを確実にしなければなりません。

14. Web customers are strongly (　　　　　) to write a review.　　ウェブの顧客はレビューを書くことを強く推められます。

15. The repairshop says the brakes on my car need to be (　　　　　).　　修理店が言うには、私の車のブレーキは修理が必要である。

🎧 40 ●●●●●

16. Todd Simpson is conducting research (　　　　　) to that of Scott.　　トッド・シンプソンはスコットと同じような研究を行っている。

17. In this workshop, you will learn how to attract (　　　　　) customers.　　このワークショップであなたは潜在的な顧客を引きつける方法を学びます。

18. Please note that the (　　　　　) subway lines are currently not in service.　　次の地下鉄路線は現在運行していないことにご注意ください。

19. These fans are less noisy than (　　　　　) models.　　これらの扇風機は以前のモデルより音が静かです。

20. This morning we received the bill for our (　　　　　) credit card.　　今朝、我が社は法人クレジットカードの請求書を受け取った。

UNIT 8　33

UNIT 9

🎧 41

161 benefit [bénəfìt]
名 特典；利益；手当、給付金

162 candidate [kǽndidèit]
名 候補者、志望［志願］者

163 choice [tʃɔ́is]
名 選択；選択権；選ばれたもの［人］
*《動》choose「を選ぶ」

164 deposit [dipázit]
名 前金、手付金；預金　動 を置く；を預金する

165 direction [dirékʃən]
名 （通例 -s）指示、命令；（通例 -s）使用法、使用説明書；方向、方角

166 ingredient [ingríːdiənt]
名 成分、材料；要素

167 proposal [prəpóuzəl]
名 提案、申し込み；企画案、提案書
*《動》propose「を提案する」

168 quarter [kwɔ́ːrtər]
名 四分の一；四半期、3か月；15分

169 response [rispáns]
名 反応；返答、回答
*《動》respond「答える」

170 shift [ʃíft]
名 交代勤務時間；交代勤務者；交代、変化

| 171 | **attract** [ətrǽkt] | 動 を引きつける、を魅了する
*《形》attractive「魅力的な」、《名》attraction「引きつけるもの、アトラクション」 |

| 172 | **collect** [kəlékt] | 動 を集める、を収集する；(料金など) を徴収する；集まる
*《名》collection「集めること、収集」 |

| 173 | **continue** [kəntínjuː] | 動 続く、継続する；を続ける；〜し続ける (to do; doing) |

| 174 | **drop** [drάp] | 動 を落とす；を (車などから) 降ろす (off)、を置いていく (off)；落ちる、下落する；立ち寄る (by)　名 落下；低下；一滴 |

| 175 | **manage** [mǽnidʒ] | 動 を管理する、を経営する；をどうにか成し遂げる (to do)
*《名》management「経営 (者)、管理 (者)」 |

| 176 | **mind** [máind] | 動 を嫌がる、を気にする　名 心、精神；記憶；意見、考え |

| 177 | **prefer** [prifə́ːr] | 動 〜のほうを好む
*《名》preference「好み；選択されたもの」 |

| 178 | **remove** [rimúːv] | 動 を取り除く；を解雇する；を移動する
*《名》removal「除去；解任；移転」 |

| 179 | **revise** [riváiz] | 動 を見直す、を改訂する、を修正する |

| 180 | **support** [səpɔ́ːrt] | 動 を支援する；を(物理的に)支える　名 支援、サポート；支え |

Dictation 1

🎧 42 ●●●●●

1. Please follow all the (					) when filling out the form.

   フォームに記入するときにはすべての指示に従ってください。

2. I need someone to take my (			) at work tomorrow.

   私の明日の職場勤務を代わりにやってくれる人が必要です。

3. Your (			) of departure time may limit the available number of flights.

   あなたが選択する出発時刻によって、利用できるフライトの数が制限されるかもしれません。

4. Sales have improved since the start of the new marketing campaign last (			).

   この前の四半期に新しい販売キャンペーンを始めてから売上が伸びた。

5. Members can take advantage of the (			) listed below.

   会員は下に列挙している特典をご利用いただけます。

🎧 43 ●●●●●

6. (				) should submit their resumes to the following email address.

   志願者は次のメールアドレスまで履歴書を送付すること。

7. Restaurant staff are often asked whether a dish contains a particular (			).

   レストランのスタッフはしばしば、料理に特別な材料が含まれるかどうか聞かれる。

8. I will need your (			) by the end of the day.

   本日の終わりまでにあなたの回答をいただきたいのです。

9. Students wishing to reserve a room must pay the (			).

   部屋を予約したい学生は前金を支払わなければならない。

10. The board of directors accepted her new (			) on pricing.

    役員会は価格に関する彼女の新しい提案を承認した。

Dictation 2

🎧 44 ●●●●●

11. We held a meeting to (　　　　　) the company budget.	会社の予算を見直すため打ち合わせをした。
12. The museum (　　　　　) visitors from around the world.	その美術館は世界中からやって来る訪問者を魅了している。
13. His early short stories have been (　　　　　) in a new publication.	彼の初期の短編は、新しい出版物に集められている。
14. He told me to (　　　　　) by tomorrow to make sure everything's OK.	彼は私に明日立ち寄ってすべてがうまくいっていることを確認すると言った。
15. This tape must be (　　　　　) before a cartridge can be used.	カートリッジを使用する前に、このテープをはがさなければなりません。

🎧 45 ●●●●●

16. Sunny skies will (　　　　　) throughout the weekend.	晴天は週末いっぱい続くでしょう。
17. She does not know who (　　　　　) the project team.	彼女は誰がそのプロジェクトチームを仕切ったのか知らない。
18. Please tell the staff if you (　　　　　) a window seat.	窓側の席をお好みの場合は、スタッフにお伝えください。
19. We need additional funds to (　　　　　) our education program.	私たちの教育プログラムを支援するために追加の資金が必要です。
20. If you do not (　　　　　) a longer drive, try the seaside road.	長時間の運転がいやでなければ、海岸沿いの道を試してみて。

UNIT 9

UNIT 10

🎧 46

181 operation [àpəréiʃən]
名 業務、営業；手術；操作
*《動》operate「稼働する；営業する」

182 procedure [prəsí:dʒər]
名 手順；手続き

183 row [róu]
名 列；(劇場などの横方向の) 列席

184 stock [sták]
名 在庫、在庫品；株、株式

185 tip [típ]
名 ヒント、こつ；チップ、心づけ；先、先端

186 advise [ədváiz]
動 に (〜するよう) 忠告する (to do)、に (〜するよう) 勧める (to do)
*《名》advice「忠告、助言」

187 appreciate [əprí:ʃièit]
動 を感謝する；を高く評価する
*《名》appreciation「感謝；高く評価すること」

188 belong [bəlɔ́:ŋ]
動 に所属する (to, in, among)；の所有である (to)
*《名》belonging「(-s) 所有物、財産」

189 fit [fít]
動 (ぴったり) はまる (into)、(からだに) 合う；に適合する；をはめ込む (in, into)；を合わせる (to)

190 handle [hǽndl]
動 を処理する；(手で) 扱う、を操縦する；を商う
名 取っ手、ハンドル
☆ TOEIC テストでは動詞の例が非常に多い。

38　UNIT 10

191 **impress** [imprés]
動 (しばしば be -ed) を感動させる；に印象を与える
*《形》impressive「感動的な；印象的な」

192 **raise** [réiz]
動 を上げる；を育てる；を引き起こす

193 **reach** [ríːtʃ]
動 に着く、に到着する；に手が届く；に連絡する

194 **remind** [rimáind]
動 に思い出させる、に気付かせる (of, about)

195 **search** [sə́ːrtʃ]
動 捜す (for)；を捜索する；を詳しく調べる　名 探索；調査

196 **clear** [klíər]
形 明白な、明快な；(道路などが) すいている；晴れた
動 を取り除く、を片付ける
*《副》clearly「はっきりと、明らかに；明るく」

197 **subject** [sʌ́bdʒikt]
形 〜されやすい (to)；〜に支配されて (to)；〜を必要として
名 主題、テーマ；教科、学科
☆ 多義語に注意。

198 **temporary** [témpərèri]
形 一時的な、臨時の
*《副》temporarily「一時的に、仮に」

199 **immediately** [imíːdiətli]
副 すぐに、ただちに、即座に
*《形》immediate「すぐの、ただちの」

200 **previously** [príːviəsli]
副 以前は
*《形》previous「(時間・順序が) 前の、先の」

UNIT 10

Dictation 1

🎧 47 ●●●●●

1. Here are five important (　　　　　） on choosing a wedding gift. | こちらはウエディングギフトの選び方に関する5つの大切なヒントです。

2. We have a large (　　　　　） of spare parts. | 当社にはスペア部品の十分な在庫がございます。

3. The theater has 40 seats in the first (　　　　　）. | その劇場は第1列には40席ある。

4. If you need assistance with this (　　　　　）, please contact Technical Support. | この手順についてアシストが必要な場合は、テクニカルサポートに連絡ください。

5. Hours of (　　　　　） change according to the time of year. | 操業時間は時期により異なります。

🎧 48 ●●●●●

6. I was very (　　　　　） with your presentation this morning. | あなたの今朝のプレゼンにとても感動しました。

7. Our robot service is better at (　　　　　） reservations than humans. | 我が社のロボット業務は予約を処理することに人間よりもすぐれています。

8. Good afternoon, you've (　　　　　） Stanley Corporation customer service. | こんにちは。こちらはスタンリー・コーポレーションのカスタマーサービスです。

9. He didn't (　　　　　） to any clubs in high school. | 彼は高校でどのクラブにも所属していなかった。

10. I want to (　　　　　） everyone about our free concert tonight. | 皆さまには今夜の無料コンサートについて思い出していただきたいのです。

Dictation 2

🎧 49 ●●●●●

11. Runners are (   ) to change their shoes every 500 miles.

   ランナーは 500 マイルごとにシューズを交換するよう推奨されています。

12. I was born and (   ) in a small town in Scotland.

   私はスコットランドの小さな町に生まれて育ちました。

13. A laptop can (   ) into a backpack easily.

   ノートパソコンはリュックサックに簡単に収まります。

14. I'm (   ) for a vacation rental home.

   私は貸別荘を探しています。

15. I would (   ) it if you would support my plan.

   私の計画をご支援いただけるとありがたいのですが。

🎧 50 ●●●●●

16. She (   ) worked with a global search firm.

   彼女は以前は国際的な調査会社に勤務していた。

17. He complained that my explanation was not very (   ).

   私の説明はあまり明確ではない、と彼は文句を言った。

18. Please remember that all scheduled events are (   ) to change.

   計画されたすべてのイベントは変更される可能性があることを常に心に留めてください。

19. She (   ) noticed that some sort of action was needed.

   彼女は何らかの行動が必要だとすぐに気付いた。

20. Almost all industries hire part-time and (   ) workers.

   ほとんどすべての産業は、パートタイムと臨時の労働者を雇用している。

UNIT 10   41

UNIT 11

🎧 51

201 admission [ədmíʃən]
名 入場、入会、入学；入場料

202 advantage [ædvǽntidʒ]
名 有利, 利益；利点、長所
*take advantage of「を利用する、を生かす」

203 applicant [ǽplikənt]
名 応募者、志願者
*《名》application「出願；願書；アプリ」、(動) apply「適用される；申し込む」

204 approach [əpróutʃ]
名 接近、近づくこと；取り組み方、アプローチ (to)
動 に近づく；に取り組む
☆ TOEIC テストでは名詞の例が非常に多い。

205 arrival [əráivəl]
名 到着；到着便 形 到着の
*《動》arrive「到着する」
☆ TOEIC テストでは名詞、形容詞ともに多い。

206 attention [əténʃən]
名 注目、注意；配慮、世話

207 effort [éfərt]
名 取り組み、活動；努力、骨折り

208 exhibit [igzíbit]
名 展示品；展覧会 動 を展示する；(感情など) を表す
*《名》exhibition「展示会；見本市」

209 favor [féivər]
名 親切な行為、世話；好意 *in favor of「〜に賛成して」
動 に賛成する；を好む
*《形》favorite「大好きな」

210 figure [fígjər]
名 数字、数量、価格；図表；人物、著名人 動 〜だと思う；を理解する (out)、思い付く (out)

211	**attach**	[ətǽtʃ]	動 を取り付ける；を付与する；（メールで）を添付する *《名》attachment「取り付け；付属品；添付書類」
212	**inform**	[infɔ́ːrm]	動 に通知する、に知らせる *《形》informative「情報の；ためになる」
213	**inspect**	[inspékt]	動 を点検する、を調査する；を視察する *《名》inspection「調査；視察」
214	**last**	[lǽst]	動 続く；持ちこたえる 形 最近の；最後の
215	**manufacture**	[mæ̀njufǽktʃər]	動 を製造する 名 製造（物） *《名》manufacturer「製造業者、メーカー」
216	**perform**	[pərfɔ́ːrm]	動 演奏する、演技する；を演じる、を演奏する；（仕事など）を行う *《名》performance「演技、演奏；出来ばえ」
217	**permit**	［動］[pərmít] ［名］[pə́ːrmit]	動 を許可する 名 許可（証） ☆ TOEIC テストでは動詞、名詞ともに多い。
218	**remain**	[riméin]	動 依然として（〜の状態の）ままである、（人・物・ことが）とどまる
219	**save**	[séiv]	動 を節約する；を貯金する；を救う；[コ] を保存する
220	**suit**	[súːt]	動 を適合させる；に都合がよい；に適する；に似合う 名 スーツ、上着 *《形》suitable「ふさわしい」

Dictation 1

🎧 52 ●●●●●

1. Upon (   ), the first thing I did was to exchange some money.
   着いてすぐに、最初に行ったことはいくらか両替をすることだった。

2. Tomorrow is the last day to take (   ) of the sale.
   明日がセールをご利用いただける最終日です。

3. This book provides a practical (   ) to sleeping problems.
   この本は睡眠障害に対する実践的な取り組み方を教えてくれる。

4. I am calling to ask you a (   ).
   あなたにお願いがあって電話をしています。

5. I need to go over our recent sales (   ) with my boss.
   私は上司と一緒に最近の売上高を調べる必要がある。

🎧 53 ●●●●●

6. The (   ) fee does not cover the cost of food and drink.
   入場料には食事と飲み物の費用は含まれていません。

7. She was the only one of twenty (   ) who was hired last year.
   彼女は20名の応募者のうち、たった一人昨年雇用された。

8. To improve our business we need a team (   ).
   われわれの事業を成長させるためにはチームで取り組む必要がある。

9. We will have a wonderful (   ) of paintings by our students.
   私たちの生徒が描いた絵画のすばらしい展覧会があります。

10. I would like to call your (   ) to an important study.
    重要な研究結果にご注目いただきたく存じます。

44　UNIT 11

Dictation 2

🎧 54 ●●●●●

11. Imported plants must be (   ) without delay. 　輸入された植物は、遅滞なく検査されなければならない。

12. I am happy to (   ) you that you passed the examination. 　あなたが試験に合格したことを喜んでお知らせいたします。

13. This product is currently (   ) by hundreds of companies worldwide. 　この製品は現在は世界中の何百もの企業で製造されています。

14. Please (   ) this month's sales report to your email. 　今月の売り上げ報告書をあなたのメールに添付してください。

15. Products must be designed to (   ) the needs of consumers. 　製品は顧客のニーズに合うように設計されなければならない。

🎧 55 ●●●●●

16. Entrance fees will (   ) at the same level as last year. 　入場料は昨年と同じレベルにとどまります。

17. The sign says that photography is not (   ) in the gallery. 　掲示によるとギャラリーの中の撮影は禁止されている。

18. Hundreds of dancers and singers will (   ) in the November festival. 　何百人ものダンサーとシンガーが11月のフェスティバルで演じます。

19. Construction will (   ) until the end of this year. 　建築作業は今年の終わりまで続きます。

20. I will tell you 13 cooking tips to help (   ) money. 　お金を節約するのに役立つ13の料理上のヒントを教えましょう。

UNIT 12

🎧 56

221 assignment [əsáinmənt]
名 割り当てられた仕事、任務；課題、宿題
*《動》assign「を命じる (to do)」

222 deal [díːl]
名 取引、契約；取扱い；(-s) お買い得品
動 扱う、処理する (with)
☆ TOEIC テストでは名詞の例が非常に多い。

223 patient [péiʃənt]
名 患者　形 忍耐強い、我慢強い
☆ TOEIC テストでは名詞の例が非常に多い。

224 permission [pərmíʃən]
名 許可、認可、同意
*《動》permit「を許可する」

225 solution [səlúːʃən]
名 解決 (策)；解答

226 anticipate [æntísəpèit]
動 を予期する、を予想する

227 apologize [əpálədʒàiz]
動 謝る、謝罪する (to, for)
*《名》apology「謝罪」

228 combine [kəmbáin]
動 を結びつける；(〜と) 結びつく (with)　*combine A with B「A を B と結びつける」

229 compete [kəmpíːt]
動 競う、競争する、(競争に) 参加する (in)
*《名》competition「競争、試合」、《形》competitive「競争力のある」

230 consult [kənsʌ́lt]
動 (人) に意見を聞く；(辞書など) を調べる；(人に) 相談する、意見を聞く (with)　*consulting firm「コンサルティング会社」

| 231 | **enclose** [inklóuz] | 動 を同封する；を取り囲む |

| 232 | **exchange** [ikstʃéindʒ] | 動 を交換する　名 交換；交換品；両替　*in exchange (for)「(〜と) 引き換えに」 |

| 233 | **guarantee** [gæ̀rəntíː] | 動 を保証する；を請け合う　名 保証
☆ TOEIC テストでは動詞の例が非常に多い。 |

| 234 | **involve** [inválv] | 動 を含む、を伴う；に関わる |

| 235 | **transfer** [trænsfə́ːr] | 動 移る；転任する；乗り換える；を移す、を伝える |

| 236 | **convenient** [kənvíːniənt] | 形 便利な；都合のよい
*《名》convenience「便利」 |

| 237 | **effective** [iféktiv] | 形 効果的な；(法律などが) 効力を生じて、実施されて
*《副》effectively「効果的に」 |

| 238 | **favorite** [féivərət] | 形 大好きな、お気に入りの
*《名/動》favor「親切な行為；世話/に賛成する」 |

| 239 | **individual** [ìndəvídʒuəl] | 形 個々の、個人の　名 個人 |

| 240 | **responsible** [rispánsəbl] | 形 責任のある (for)
*《名》responsibility「責任」 |

UNIT 12

Dictation 1

🎧 57 ●●●●●

1. I'm extremely busy with my (　　　　　) due tomorrow.
   私は明日締切りの課題で非常に忙しい。

2. The application is requesting (　　　　　) to install an upgrade.
   このアプリはアップグレードをインストールする許諾を求めています。

3. (　　　　　) should arrive thirty minutes early for their first appointment.
   患者は最初の予約のときは30分早めに到着したほうがよい。

4. Our team needs to find two (　　　　　) for each problem.
   我われのチームはそれぞれの問題に対して2つの解決策を見つける必要がある。

5. To take advantage of these great (　　　　　), become a member today!
   これらのすばらしいお買い得品をご利用いただくために、本日会員になりましょう！

🎧 58 ●●●●●

6. He is (　　　　　) in a 100 kilometer bike race tomorrow.
   彼は明日、100キロの自転車レースに参加します。

7. This special discount cannot be (　　　　　) with other discount coupons.
   この特別割引は他の割引クーポンと併用できません。

8. You might wish to (　　　　　) a specialist about that pain in your shoulder.
   あなたは肩の痛みについて専門家に相談したいと思うかもしれませんね。

9. I have (　　　　　) a list of the items we need.
   私たちが必要としている品物の一覧を同封いたします。

10. He will be (　　　　　) to the branch office in Singapore.
    彼はシンガポール支社に異動になります。

Dictation 2

🎧 59 ●●●●●

11. We (　　　　　　　　) the lowest prices on all running shoes. | 当店はすべてのランニングシューズに最低価格を保証します。

12. We (　　　　　　　　) that some items on our website are sold out. | 当ウェブサイトにおいていくつかの品物が売り切れましたことをお詫び申し上げます。

13. Purchases may be (　　　　　　　　) within 30 days of delivery. | 配達から30日以内なら購入品を交換することができます。

14. We (　　　　　　　　) an increase in sales in Southeast Asia. | われわれは東南アジアにおける売り上げの増大を期待している。

15. His new position (　　　　　　　　) training the sales staff. | 彼の新しいポジションには、販売スタッフを教育することが含まれます。

🎧 60 ●●●●●

16. He is (　　　　　　　　) for reducing the production costs at each plant. | 彼にはそれぞれの工場の製造コストを減らす責任がある。

17. Hanging out with friends is my (　　　　　　　　) way to spend the weekend. | 友人たちと外でぶらぶらすることは、私の大好きな週末の過ごし方です。

18. Your child will receive plenty of (　　　　　　　　) attention from our staff. | あなたのお子様はこちらのスタッフから個別の配慮を十分に受けます。

19. Viewing member statements online is easy and (　　　　　　　　). | 会員の意見をネットで見ることは簡単で便利だ。

20. Our television advertising has been highly (　　　　　　　　). | 我が社のテレビ宣伝は非常に効果的だった。

UNIT 12

UNIT 13

🎧 61

241 inquiry [inkwáiəri]
名 問い合わせ、質問；調査
*《動》inquire「を尋ねる」

242 proceed
[名] [próusi:d]
[動] [prəsí:d]
名 収益、売り上げ 動 進行する；(を) 続ける (with)、(に) 進む (to)

243 rest [rést]
名 残り(のもの)；休憩 動 休憩する
☆ TOEIC テストでは名詞（残り）の例が非常に多い。

244 storage [stɔ́:ridʒ]
名 倉庫、貯蔵、保管
*《動》store「を保存する、を蓄える」

245 trade [tréid]
名 貿易；商売，取引

246 avoid [əvɔ́id]
動 を避ける、を回避する

247 cause [kɔ́:z]
動 を引き起こす、の原因となる；(人) に〜させる (to do)
名 原因、理由

248 contain [kəntéin]
動 を含む、を包含する；の収容能力がある
*《名》container「容器、入れ物」

249 decrease
[動] [di:krí:s]
[名] [dí:kri:s]
動 を減らす；減少する 名 減少、低下；縮小

250 depart [dipá:rt]
動 出発する (from, for)
*《名》departure「出発」

No. 241– No. 260

251 **establish** [istǽbliʃ]
動 を設立する；を確立する

252 **obtain** [əbtéin]
動 を手に入れる、を獲得する

253 **promise** [prάməs]
動 を約束する　名 約束

254 **refer** [rifə́ːr]
動 に問い合わせる (to)；を参照する (to)；に言及する (to)
＊《名》reference「参照；言及」

255 **value** [vǽljuː]
動 を大切にする；を評価する　名 価値、値打ち
＊《形》valuable「貴重な、価値ある」

256 **comfortable** [kʌ́mftəbl]
形 気持ちのよい、くつろいだ、ゆったりした
＊《名》comfort「快適さ、心地よさ」

257 **common** [kάmən]
形 普通の、一般的な；共通の；ありふれた

258 **frequent** [fríːkwənt]
形 頻繁な、よく起こる
＊《副》frequently「頻繁に」

259 **specific** [spəsífik]
形 (〜に) 特有の (to)；特定の；明確な、具体的な　名 詳細

260 **valid** [vǽlid]
形 有効な、期限が切れていない

UNIT 13

Dictation 1

🎧 62 ●●●●●

1. Our company usually sends three or four employees to the (　　　　) show.

   我が社は見本市に通常 3 人か 4 人のスタッフを送ります。

2. The (　　　　) of your order will ship as soon as possible.

   ご注文の残りはできるだけ早く出荷いたします。

3. We will respond to all (　　　　) within one week.

   すべてのお問い合わせに対し、1 週間以内にご返事いたします。

4. My sister and I used to hide in the (　　　　) room.

   妹と私はよく物置に隠れたものでした。

5. Ten percent of the (　　　　) will go to charity.

   収益の 10 パーセントは慈善事業に寄付されます。

🎧 63 ●●●●●

6. He made me (　　　　) not to leave without him.

   彼なしで出発しないよう、彼は私に約束させた。

7. Please (　　　　) to our website for further information on our services.

   我が社の事業に関する詳しい情報については、ウェブサイトをご覧ください。

8. The best way to cut costs is to (　　　　) our number of employees.

   経費を減らすいちばん良い方法は、従業員の数を減らすことである。

9. To (　　　　) traffic, you'll need to leave your house early in the morning.

   交通渋滞を避けるために、朝早くに家を出る必要があるだろう。

10. We were able to (　　　　) a seat on a flight that will arrive in the morning.

    私たちは朝に到着するフライトの座席を手に入れることができました。

Dictation 2

🎧 64 ●●●●●

11. The university has made efforts to (　　　　　　) various new majors.

　　その大学はさまざまな種類の新しい学科を立ち上げるために尽力した。

12. Flight 001 from Seoul to Paris will (　　　　　　) from Gate 6.

　　ソウルからパリに行く001便は6番ゲートから出発いたします。

13. The folders (　　　　　　) copies of the annual report and the meeting schedule.

　　そのフォルダーには年次報告書と会議スケジュールのコピーが入っている。

14. We (　　　　　　) the feedback we receive from our customers.

　　私たちはお客様からいただいたフィードバックを大切に致します。

15. Last night's storm (　　　　　　) many problems for local residents.

　　昨夜の嵐は地域住民に多くの問題を引き起こした。

🎧 65 ●●●●●

16. Thank you for being a (　　　　　　) guest at our hotel.

　　当ホテルをたびたびご利用いただき、ありがとうございます。

17. This gift card is only (　　　　　　) until the end of the year.

　　このギフトカードは今年の年末かぎり有効です。

18. Use of birthdates is a (　　　　　　) method of making a password.

　　誕生日を使用することは、パスワードをつくる一般的な方法である。

19. At this seminar, I learned a number of technical skills (　　　　　　) to my business.

　　このセミナーで、私は仕事に特有のテクニカルスキルを数多く学びました。

20. Please make yourself (　　　　　　) until Ms. Miller comes.

　　ミラーさんが来るまでどうぞおくつろぎください。

UNIT 13　53

UNIT 14

🎧 66

261 **degree** [digríː]
   名 学位；等級；程度；(温度、角度の) 度

262 **donation** [dounéiʃən]
   名 寄付(金)
   *《動》donate「を寄付する」

263 **summary** [sʌ́məri]
   名 要約、概要

264 **task** [tǽsk]
   名 作業、仕事

265 **term** [tə́ːrm]
   名 (支払・契約などの) 条件；関係；学期、期間；(専門) 用語
   *in terms of「〜に関して」

266 **achieve** [ətʃíːv]
   動 を成し遂げる、を達成する
   *《名》achievement「成し遂げること；業績、成果」

267 **claim** [kléim]
   動 (所有権・遺産・権利など) を主張する、を要求する；(〜である) と主張する (that ...)

268 **connect** [kənékt]
   動 をつなぐ、を (〜と) 関連づける (with)
   *《名》connection「結合；乗り継ぎ；関係」

269 **earn** [ə́ːrn]
   動 を得る、を獲得する；を稼ぐ
   *《名》earnings「所得、収入」

270 **gain** [géin]
   動 を獲得する、を増す；(利益) を得る；(体重) が増える
   名 利益；獲得；増加
   ☆ TOEIC テストでは動詞の例が非常に多い。

271	**greet** [gríːt]	動 に挨拶する；を出迎える
272	**intend** [inténd]	動 (〜する) つもりである (to do, for)、〜を意図する；を意味する
273	**invest** [invést]	動 (を〜に) 投資する (in)；に (〜を) 与える (with) *《名》investment「投資」
274	**negotiate** [nigóuʃièit]	動 を(交渉して) 取り決める；(人) と交渉する (with)
275	**postpone** [poustpóun]	動 を延期する、を先送りにする
276	**realize** [ríːəlàiz]	動 に気付く；を実現する
277	**respond** [rispánd]	動 答える (to)、反応する *《名》response「反応；返答、回答」
278	**retire** [ritáiər]	動 退職 [引退] する (from)
279	**secure** [sikjúər]	動 を確保する、を守る；を保証する 形 安全な *《名》security「安全；警備」
280	**transport** [動] [trænspɔ́ːrt] [名] [trǽnspɔːrt]	動 を輸送する、を運搬する 名 輸送、運搬 *《名》transportation「交通機関；輸送」

Dictation 1

🎧 67 ●●●●●

1. Your next ( ) will be to research costs for the new project. | あなたの次の仕事は、新しいプロジェクトにかかる費用を調査することになります。

2. I'll send you a ( ) of our discussion. | 私たちの議論の要約をあなたに送ります。

3. The library wants to thank you for your book ( ). | 図書館は本を寄贈していただきましたことに感謝申し上げます。

4. The schedule for next ( ) has been decided. | 次の学期のスケジュールが決定しました。

5. He received a ( ) in Medicine at the age of 80. | 彼は80歳のときに医学の学位を受けた。

🎧 68 ●●●●●

6. We have ( ) discounted rates for conference participants at nearby hotels. | 当社は会議の参加者に、近隣のホテルにおける割引価格を保証しております。

7. Last month I ( ) my goal of visiting 100 countries. | 私は先月、100カ国を訪れるという目標を達成した。

8. I didn't ( ) you were the person Jennifer was talking about. | あなたがジェニファーが話していた人だとは気が付きませんでした。

9. Dr. Wilson ( ) his degree in History in 2010. | ウィルソン博士は2010年に歴史学の学位を取った。

10. I hope to ( ) in clean and safe energy. | クリーンで安全なエネルギーに投資したい。

Dictation 2

🎧 69 ●●●●●

11. It was made public that he will (　　　　) next month.　　彼が来月退職することが公になった。

12. When (　　　　) clients, be sure to address them by name.　　顧客に挨拶するときには、必ず名前で呼びなさい。

13. She (　　　　) the cost of lunch as a business expense.　　彼女は昼食の費用は仕事の経費だと主張した。

14. Meeting rooms are (　　　　) for groups of ten or less.　　会議室は10名以下のグループを対象としています。

15. You need to be (　　　　) to the Internet to access your email.　　メールにアクセスするためにはインターネットに接続していなければなりません。

🎧 70 ●●●●●

16. The knowledge I (　　　　) in this class will be useful for my job.　　このクラスで得た知識は自分の仕事に役立つだろう。

17. He is (　　　　) a deal with a new client.　　彼は新しい顧客と契約を取りまとめているところだ。

18. Wednesday's meeting had to be (　　　　) until next week.　　水曜日のミーティングは来週まで延期しなければならなかった。

19. We asked listeners to (　　　　) to three questions via email.　　視聴者に3つの質問に対しメールで回答するように依頼しました。

20. We will (　　　　) family pets and other animals across the nation.　　当社は家族のペットと動物を全国に輸送いたします。

UNIT 14

UNIT 15

🎧 71

281 **agenda**
[ədʒéndə]
名 検討課題、予定表；(会議の) 議題

282 **attendee**
[ətèndí:]
名 出席者
*《名》attendant「接客係、案内人」

283 **headquarters**
[hédkwɔ̀:rtərz]
名 本社、本部

284 **investment**
[invéstmənt]
名 投資、出資
*《動》invest「(を〜に) 投資する」

285 **invoice**
[ínvɔis]
名 送り状、インボイス
☆ 納品書・明細書を兼ねた請求書。

286 **itinerary**
[aitínərèri]
名 旅程、旅行計画 (書)

287 **maintenance**
[méintənəns]
名 維持 [保守] 管理、メンテナンス
*《動》maintain「を維持する、を保つ」

288 **manufacturer**
[mænjəfǽktʃərər]
名 製造業者、メーカー
*《動》manufacture「を製造する」

289 **merchandise**
[mə́:rtʃəndàiz]
名 商品、製品
☆ 数えられない名詞。

290 **personnel**
[pè:rsənél]
名 (会社の) 人事部 (= personnel department)；職員

291 **reference** [réfərəns]
名 (履歴書などに記載する) 照会先、身元保証人；参照、参考 (to)
*《動》refer「に問い合わせる；を参照する」

292 **refund** [名][rí:fʌnd] [動][rifʌnd]
名 返金、払い戻し 動 を返金する、を払い戻す

293 **subscription** [səbskrípʃən]
名 予約［定期］購読、購読料
*《動》subscribe「を予約［定期］購読する」

294 **complimentary** [kàmpləméntəri]
形 無料の、ただの；称賛の

295 **extensive** [iksténsiv]
形 広範囲にわたる、広い；大規模な、豊富な
*《動》extend「を伸ばす；伸びる」

296 **accommodate** [əkámədèit]
動 を収容する、を収納する；を宿泊させる
*《名》accommodation「宿泊施設；収納設備」

297 **cater** [kéitər]
動 に料理を仕出しする、をまかなう

298 **expire** [ikspáiər]
動 有効期限が切れる、満期になる

299 **inquire** [inkwáiər]
動 尋ねる (of, about)；を尋ねる
*《名》inquiry「問合せ；取り調べ」

300 **notify** [nóutəfài]
動 に（〜を）知らせる、に（〜を）通知する (of, that ...)
*《名》notice「通知、通達」

Dictation 1

🎧 72 ●●●●●

1. The following attractions will be closed for (　　　　　) from Oct. 9th to Oct. 12th.	次のアトラクションは10月9日から10月12日まで保守点検のために閉鎖となります。
2. The new CEO is planning to move the company (　　　　　) to Brussels.	新しいCEOは会社の本社をブリュッセルに移す計画を立てている。
3. General Mortors is one of the most successful car (　　　　　) in the U.S.	ゼネラルモーターズはアメリカで最も成功した自動車メーカーのひとつである。
4. We are very pleased to offer members this (　　　　　) opportunity.	当社は会員の方にこうした投資の機会をご提供できることをうれしく存じます。
5. You can also send (　　　　　) via email.	請求書はメールで送ってもかまいません。

🎧 73 ●●●●●

6. All conference (　　　　　) must register at the reception desk in the lobby.	会議の参加者は全員、ロビーの受付デスクで登録しなければなりません。
7. Russell works in the (　　　　　) department of an advertising agency.	ラッセルは広告代理店の人事課で働いています。
8. The meeting's final (　　　　　) is available online.	会議の最終的な議題はインターネットで見ることができます。
9. Please let me know if you have any questions about the (　　　　　).	旅行の日程について質問がございましたらどうぞお知らせください。
10. Research shows eight percent of all (　　　　　) is always out of stock.	調査によると全商品の8パーセントが常に在庫切れです。

Dictation 2

🎧 74 ●●●●●

11. Winners will receive a free one-year (　　　　　　) to *Travel Journal*.

当選者はトラベルジャーナルの1年間の無料購読を受け取ることができます。

12. I would like a (　　　　　) on my purchase.

購入したものに対し返金をしてもらいたいのですが。

13. Applicants must have both (　　　　　　) experience and a related degree.

申込者には幅広い経験と関連した学位がともに必要である。

14. We will offer (　　　　　　) drinks to all those who visit.

おいでになられた方全員に無料の飲み物をご提供いたします。

15. Two letters of (　　　　　) are required for all applications.

すべての願書には2通の照会状が必要です。

🎧 75 ●●●●●

16. Your membership will (　　　　　　) at the end of December.

あなたの会員資格は12月末に有効期限が切れます。

17. Each room can (　　　　　　) up to 100 people.

各部屋は100名まで収容できます。

18. I am moving and want to (　　　　　　) you of my change of address.

引っ越しを予定しており、住所の変更をお知らせしたいと思っています。

19. Thanks for the wonderful job you did (　　　　　) our wedding.

私たちの結婚式に料理をまかなっていただいたすばらしいお仕事に感謝申し上げます。

20. I'd like to (　　　　　　) about your application requirements.

御社の申し込みの必須条件についてお尋ねしたいのですが。

UNIT 15　61

INDEX

- [ ] accept 19
- [ ] access 18
- [ ] accommodate 59
- [ ] achieve 54
- [ ] add.................................... 19
- [ ] addition 18
- [ ] additional.......................... 7
- [ ] admission 42
- [ ] advance 10
- [ ] advantage 42
- [ ] advertise 3
- [ ] advertisement 18
- [ ] advise 38
- [ ] agenda 58
- [ ] agree 11
- [ ] allow................................. 22
- [ ] annual 15
- [ ] anticipate 46
- [ ] apologize 46
- [ ] appear 30
- [ ] applicant......................... 42
- [ ] application 10
- [ ] apply................................ 15
- [ ] appointment..................... 6
- [ ] appreciate 38
- [ ] approach 42
- [ ] approve........................... 15
- [ ] arrange............................ 11
- [ ] arrival 42
- [ ] article................................ 2
- [ ] assignment..................... 46
- [ ] attach 43
- [ ] attend 3
- [ ] attendee 58
- [ ] attention........................... 42
- [ ] attract............................... 35
- [ ] available 7
- [ ] avoid 50
- [ ] belong............................. 38
- [ ] benefit............................. 34
- [ ] bill 26
- [ ] board 10
- [ ] budget............................. 10
- [ ] cancel 15

- [ ] candidate 34
- [ ] career.............................. 26
- [ ] carry 19
- [ ] cater................................. 59
- [ ] cause............................... 50
- [ ] celebrate 30
- [ ] charge 11
- [ ] choice 34
- [ ] claim................................ 54
- [ ] clear................................. 39
- [ ] colleague 18
- [ ] collect.............................. 35
- [ ] combine.......................... 46
- [ ] comfortable 51
- [ ] common......................... 51
- [ ] compete.......................... 46
- [ ] complaint........................ 26
- [ ] complete 3
- [ ] complimentary 59
- [ ] concern............................. 6
- [ ] conduct 22
- [ ] conference 2
- [ ] confirm 3
- [ ] connect 54
- [ ] consider 22
- [ ] construction...................... 6
- [ ] consult 46
- [ ] contact 3
- [ ] contain............................. 50
- [ ] continue 35
- [ ] contract............................ 18
- [ ] convenient 47
- [ ] corporate 31
- [ ] correct 27
- [ ] cost 2
- [ ] cover................................ 19
- [ ] current 15
- [ ] customer........................... 2
- [ ] deadline 10
- [ ] deal 46
- [ ] decide 19
- [ ] decision 30
- [ ] decrease 50
- [ ] degree............................. 54

- [ ] delay............................... 19
- [ ] deliver 11
- [ ] delivery 2
- [ ] depart.............................. 50
- [ ] deposit 34
- [ ] describe 27
- [ ] description 22
- [ ] detail............................... 10
- [ ] develop........................... 22
- [ ] direction 34
- [ ] discuss 6
- [ ] display 18
- [ ] distribute 30
- [ ] donation.......................... 54
- [ ] drop 35
- [ ] due 15
- [ ] earn................................. 54
- [ ] effective 47
- [ ] effort................................ 42
- [ ] employee 2
- [ ] enclose............................ 47
- [ ] encourage 30
- [ ] ensure 30
- [ ] enter................................ 27
- [ ] equipment........................ 2
- [ ] establish.......................... 51
- [ ] estimate 31
- [ ] exchange 47
- [ ] exhibit 42
- [ ] exhibition 30
- [ ] expand 22
- [ ] expect 6
- [ ] expense 26
- [ ] expire.............................. 59
- [ ] extend 23
- [ ] extensive 59
- [ ] facility 22
- [ ] favor 42
- [ ] favorite 47
- [ ] feature 23
- [ ] figure 42
- [ ] fill 19
- [ ] financial............................ 7
- [ ] firm.................................. 14

☐ fit 38	☐ maintenance 58	☐ promotion 26
☐ fix 31	☐ manage 35	☐ property 26
☐ focus 27	☐ management 14	☐ proposal 34
☐ follow 19	☐ manufacture 43	☐ provide 7
☐ following 31	☐ manufacturer 58	☐ publish 15
☐ frequent 51	☐ material 6	☐ purchase 2
☐ fund 22	☐ mention 3	☐ purpose 6
☐ gain 54	☐ merchandise 58	☐ quarter 34
☐ greet 55	☐ mind 35	☐ raise 39
☐ grow 27	☐ miss 31	☐ rate 26
☐ guarantee 47	☐ negotiate 55	☐ reach 39
☐ handle 38	☐ note 23	☐ realize 55
☐ headquarters 58	☐ notice 26	☐ recent 15
☐ hire 6	☐ notify 59	☐ recently 7
☐ identification 30	☐ obtain 51	☐ recommend 11
☐ immediately 39	☐ offer 3	☐ reduce 15
☐ impress 39	☐ online 7	☐ refer 51
☐ improve 27	☐ operate 27	☐ reference 59
☐ include 6	☐ operation 38	☐ refund 59
☐ increase 7	☐ opportunity 14	☐ register 19
☐ indicate 31	☐ option 14	☐ release 14
☐ individual 47	☐ organize 23	☐ remain 43
☐ industry 22	☐ participant 18	☐ remind 39
☐ inform 43	☐ participate 11	☐ remove 35
☐ ingredient 34	☐ patient 46	☐ rent 31
☐ inquire 59	☐ perform 43	☐ repair 7
☐ inquiry 50	☐ performance 14	☐ replace 11
☐ inspect 43	☐ permission 46	☐ representative 18
☐ install 19	☐ permit 43	☐ require 23
☐ instruction 6	☐ personnel 58	☐ research 10
☐ intend 55	☐ plant 22	☐ reservation 2
☐ invest 55	☐ policy 10	☐ reserve 11
☐ investment 58	☐ postpone 55	☐ resource 18
☐ invite 23	☐ potential 31	☐ respond 55
☐ invoice 58	☐ prefer 35	☐ response 34
☐ involve 47	☐ previous 31	☐ responsible 47
☐ issue 10	☐ previously 39	☐ rest 50
☐ item 2	☐ procedure 38	☐ result 14
☐ itinerary 58	☐ proceed 50	☐ resume 26
☐ last 43	☐ process 14	☐ retire 55
☐ launch 23	☐ produce 23	☐ review 3
☐ lead 23	☐ production 14	☐ revise 35
☐ locate 11	☐ promise 51	☐ row 38
☐ lose 27	☐ promote 23	☐ save 43

☐ search 39	☐ storage 50	☐ task 54
☐ secure 55	☐ store 3	☐ temporary 39
☐ serve 27	☐ subject 39	☐ term 54
☐ share 27	☐ submit 7	☐ tip 38
☐ shift 34	☐ subscription 59	☐ trade............................... 50
☐ ship................................... 11	☐ suggest............... 3	☐ transfer 47
☐ shipment 26	☐ suggestion 30	☐ transport 55
☐ similar 31	☐ suit................................... 43	☐ transportation 14
☐ skill.................................. 30	☐ summary........................ 54	☐ upcoming....................... 15
☐ solution........................... 46	☐ supply.............................. 10	☐ update 7
☐ specific 51	☐ support............................ 35	☐ valid................................. 51
☐ stock 38	☐ survey.............................. 18	☐ value 51

INDEX 65

TOEIC® L&R Test スコア 400-500／英検準 2 級レベル
頻出英単語 300 精選

編著者	西谷恒志
	Barbara Yamashita
発行者	山口隆史

発行所　株式会社 音羽書房鶴見書店

〒113-0033　東京都文京区本郷 4-1-14
TEL 03-3814-0491
FAX 03-3814-9250
URL: http://www.otowatsurumi.com
e-mail: info@otowatsurumi.com

2019 年 3 月 1 日　　初版発行
2019 年 3 月 10 日　　2 刷発行

Copyright©2019 by Koshi Nishiya and Barbara Yamashita
組版　ほんのしろ
装幀　熊谷有紗（オセロ）
印刷・製本　（株）シナノ
■ 落丁・乱丁本はお取り替えいたします。

EC-071

Unit 6

| ID: _____ |

1. Ⓐ Ⓑ Ⓒ Ⓓ   6. Ⓐ Ⓑ Ⓒ Ⓓ
2. Ⓐ Ⓑ Ⓒ Ⓓ   7. Ⓐ Ⓑ Ⓒ Ⓓ
3. Ⓐ Ⓑ Ⓒ Ⓓ   8. Ⓐ Ⓑ Ⓒ Ⓓ
4. Ⓐ Ⓑ Ⓒ Ⓓ   9. Ⓐ Ⓑ Ⓒ Ⓓ
5. Ⓐ Ⓑ Ⓒ Ⓓ   10. Ⓐ Ⓑ Ⓒ Ⓓ

Name: _____   Month/Date/Year: _____

Unit 1

| ID: _____ |

1. Ⓐ Ⓑ Ⓒ Ⓓ   6. Ⓐ Ⓑ Ⓒ Ⓓ
2. Ⓐ Ⓑ Ⓒ Ⓓ   7. Ⓐ Ⓑ Ⓒ Ⓓ
3. Ⓐ Ⓑ Ⓒ Ⓓ   8. Ⓐ Ⓑ Ⓒ Ⓓ
4. Ⓐ Ⓑ Ⓒ Ⓓ   9. Ⓐ Ⓑ Ⓒ Ⓓ
5. Ⓐ Ⓑ Ⓒ Ⓓ   10. Ⓐ Ⓑ Ⓒ Ⓓ

Name: _____   Month/Date/Year: _____

Unit 7

| ID: _____ |

1. Ⓐ Ⓑ Ⓒ Ⓓ   6. Ⓐ Ⓑ Ⓒ Ⓓ
2. Ⓐ Ⓑ Ⓒ Ⓓ   7. Ⓐ Ⓑ Ⓒ Ⓓ
3. Ⓐ Ⓑ Ⓒ Ⓓ   8. Ⓐ Ⓑ Ⓒ Ⓓ
4. Ⓐ Ⓑ Ⓒ Ⓓ   9. Ⓐ Ⓑ Ⓒ Ⓓ
5. Ⓐ Ⓑ Ⓒ Ⓓ   10. Ⓐ Ⓑ Ⓒ Ⓓ

Name: _____   Month/Date/Year: _____

Unit 2

| ID: _____ |

1. Ⓐ Ⓑ Ⓒ Ⓓ   6. Ⓐ Ⓑ Ⓒ Ⓓ
2. Ⓐ Ⓑ Ⓒ Ⓓ   7. Ⓐ Ⓑ Ⓒ Ⓓ
3. Ⓐ Ⓑ Ⓒ Ⓓ   8. Ⓐ Ⓑ Ⓒ Ⓓ
4. Ⓐ Ⓑ Ⓒ Ⓓ   9. Ⓐ Ⓑ Ⓒ Ⓓ
5. Ⓐ Ⓑ Ⓒ Ⓓ   10. Ⓐ Ⓑ Ⓒ Ⓓ

Name: _____   Month/Date/Year: _____

Unit 8

| ID: _____ |

1. Ⓐ Ⓑ Ⓒ Ⓓ   6. Ⓐ Ⓑ Ⓒ Ⓓ
2. Ⓐ Ⓑ Ⓒ Ⓓ   7. Ⓐ Ⓑ Ⓒ Ⓓ
3. Ⓐ Ⓑ Ⓒ Ⓓ   8. Ⓐ Ⓑ Ⓒ Ⓓ
4. Ⓐ Ⓑ Ⓒ Ⓓ   9. Ⓐ Ⓑ Ⓒ Ⓓ
5. Ⓐ Ⓑ Ⓒ Ⓓ   10. Ⓐ Ⓑ Ⓒ Ⓓ

Name: _____   Month/Date/Year: _____

Unit 3

| ID: _____ |

1. Ⓐ Ⓑ Ⓒ Ⓓ   6. Ⓐ Ⓑ Ⓒ Ⓓ
2. Ⓐ Ⓑ Ⓒ Ⓓ   7. Ⓐ Ⓑ Ⓒ Ⓓ
3. Ⓐ Ⓑ Ⓒ Ⓓ   8. Ⓐ Ⓑ Ⓒ Ⓓ
4. Ⓐ Ⓑ Ⓒ Ⓓ   9. Ⓐ Ⓑ Ⓒ Ⓓ
5. Ⓐ Ⓑ Ⓒ Ⓓ   10. Ⓐ Ⓑ Ⓒ Ⓓ

Name: _____   Month/Date/Year: _____

Unit 9

| ID: _____ |

1. Ⓐ Ⓑ Ⓒ Ⓓ   6. Ⓐ Ⓑ Ⓒ Ⓓ
2. Ⓐ Ⓑ Ⓒ Ⓓ   7. Ⓐ Ⓑ Ⓒ Ⓓ
3. Ⓐ Ⓑ Ⓒ Ⓓ   8. Ⓐ Ⓑ Ⓒ Ⓓ
4. Ⓐ Ⓑ Ⓒ Ⓓ   9. Ⓐ Ⓑ Ⓒ Ⓓ
5. Ⓐ Ⓑ Ⓒ Ⓓ   10. Ⓐ Ⓑ Ⓒ Ⓓ

Name: _____   Month/Date/Year: _____

Unit 4

| ID: _____ |

1. Ⓐ Ⓑ Ⓒ Ⓓ   6. Ⓐ Ⓑ Ⓒ Ⓓ
2. Ⓐ Ⓑ Ⓒ Ⓓ   7. Ⓐ Ⓑ Ⓒ Ⓓ
3. Ⓐ Ⓑ Ⓒ Ⓓ   8. Ⓐ Ⓑ Ⓒ Ⓓ
4. Ⓐ Ⓑ Ⓒ Ⓓ   9. Ⓐ Ⓑ Ⓒ Ⓓ
5. Ⓐ Ⓑ Ⓒ Ⓓ   10. Ⓐ Ⓑ Ⓒ Ⓓ

Name: _____   Month/Date/Year: _____

Unit 10

| ID: _____ |

1. Ⓐ Ⓑ Ⓒ Ⓓ   6. Ⓐ Ⓑ Ⓒ Ⓓ
2. Ⓐ Ⓑ Ⓒ Ⓓ   7. Ⓐ Ⓑ Ⓒ Ⓓ
3. Ⓐ Ⓑ Ⓒ Ⓓ   8. Ⓐ Ⓑ Ⓒ Ⓓ
4. Ⓐ Ⓑ Ⓒ Ⓓ   9. Ⓐ Ⓑ Ⓒ Ⓓ
5. Ⓐ Ⓑ Ⓒ Ⓓ   10. Ⓐ Ⓑ Ⓒ Ⓓ

Name: _____   Month/Date/Year: _____

Unit 5

| ID: _____ |

1. Ⓐ Ⓑ Ⓒ Ⓓ   6. Ⓐ Ⓑ Ⓒ Ⓓ
2. Ⓐ Ⓑ Ⓒ Ⓓ   7. Ⓐ Ⓑ Ⓒ Ⓓ
3. Ⓐ Ⓑ Ⓒ Ⓓ   8. Ⓐ Ⓑ Ⓒ Ⓓ
4. Ⓐ Ⓑ Ⓒ Ⓓ   9. Ⓐ Ⓑ Ⓒ Ⓓ
5. Ⓐ Ⓑ Ⓒ Ⓓ   10. Ⓐ Ⓑ Ⓒ Ⓓ

Name: _____   Month/Date/Year: _____

Unit 11

ID: _____

1. Ⓐ Ⓑ Ⓒ Ⓓ   6. Ⓐ Ⓑ Ⓒ Ⓓ
2. Ⓐ Ⓑ Ⓒ Ⓓ   7. Ⓐ Ⓑ Ⓒ Ⓓ
3. Ⓐ Ⓑ Ⓒ Ⓓ   8. Ⓐ Ⓑ Ⓒ Ⓓ
4. Ⓐ Ⓑ Ⓒ Ⓓ   9. Ⓐ Ⓑ Ⓒ Ⓓ
5. Ⓐ Ⓑ Ⓒ Ⓓ   10. Ⓐ Ⓑ Ⓒ Ⓓ

Name: _____   Month/Date/Year: _____

Unit 12

ID: _____

1. Ⓐ Ⓑ Ⓒ Ⓓ   6. Ⓐ Ⓑ Ⓒ Ⓓ
2. Ⓐ Ⓑ Ⓒ Ⓓ   7. Ⓐ Ⓑ Ⓒ Ⓓ
3. Ⓐ Ⓑ Ⓒ Ⓓ   8. Ⓐ Ⓑ Ⓒ Ⓓ
4. Ⓐ Ⓑ Ⓒ Ⓓ   9. Ⓐ Ⓑ Ⓒ Ⓓ
5. Ⓐ Ⓑ Ⓒ Ⓓ   10. Ⓐ Ⓑ Ⓒ Ⓓ

Name: _____   Month/Date/Year: _____

Unit 13

ID: _____

1. Ⓐ Ⓑ Ⓒ Ⓓ   6. Ⓐ Ⓑ Ⓒ Ⓓ
2. Ⓐ Ⓑ Ⓒ Ⓓ   7. Ⓐ Ⓑ Ⓒ Ⓓ
3. Ⓐ Ⓑ Ⓒ Ⓓ   8. Ⓐ Ⓑ Ⓒ Ⓓ
4. Ⓐ Ⓑ Ⓒ Ⓓ   9. Ⓐ Ⓑ Ⓒ Ⓓ
5. Ⓐ Ⓑ Ⓒ Ⓓ   10. Ⓐ Ⓑ Ⓒ Ⓓ

Name: _____   Month/Date/Year: _____

Unit 14

ID: _____

1. Ⓐ Ⓑ Ⓒ Ⓓ   6. Ⓐ Ⓑ Ⓒ Ⓓ
2. Ⓐ Ⓑ Ⓒ Ⓓ   7. Ⓐ Ⓑ Ⓒ Ⓓ
3. Ⓐ Ⓑ Ⓒ Ⓓ   8. Ⓐ Ⓑ Ⓒ Ⓓ
4. Ⓐ Ⓑ Ⓒ Ⓓ   9. Ⓐ Ⓑ Ⓒ Ⓓ
5. Ⓐ Ⓑ Ⓒ Ⓓ   10. Ⓐ Ⓑ Ⓒ Ⓓ

Name: _____   Month/Date/Year: _____

Unit 15

ID: _____

1. Ⓐ Ⓑ Ⓒ Ⓓ   6. Ⓐ Ⓑ Ⓒ Ⓓ
2. Ⓐ Ⓑ Ⓒ Ⓓ   7. Ⓐ Ⓑ Ⓒ Ⓓ
3. Ⓐ Ⓑ Ⓒ Ⓓ   8. Ⓐ Ⓑ Ⓒ Ⓓ
4. Ⓐ Ⓑ Ⓒ Ⓓ   9. Ⓐ Ⓑ Ⓒ Ⓓ
5. Ⓐ Ⓑ Ⓒ Ⓓ   10. Ⓐ Ⓑ Ⓒ Ⓓ

Name: _____   Month/Date/Year: _____